साँझ का नीला किवाड़

[कविता-संग्रह]

साँझ का नीला किवाड़

भावना शेखर

राजकमल प्रकाशन
नयी दिल्ली पटना इलाहाबाद कोलकाता

ISBN : 978-81-267-2746-9

मूल्य : ₹ 300

पहला संस्करण : 2015

प्रकाशक : राजकमल प्रकाशन प्रा. लि.
1-बी, नेताजी सुभाष मार्ग, दरियागंज
नई दिल्ली-110 002

शाखाएँ : अशोक राजपथ, साइंस कॉलेज के सामने, पटना-800 006
पहली मंजिल, दरबारी बिल्डिंग, महात्मा गांधी मार्ग, इलाहाबाद-211 001
36 ए, शेक्सपियर सरणी, कोलकाता-700 017

वेबसाइट : www.rajkamalprakashan.com
ई-मेल : info@rajkamalprakashan.com

मुद्रक : बी.के. ऑफसेट
नवीन शाहदरा, दिल्ली-110 032

SAANJH KA NEELA KIVAAR
Poems by Bhavana Shekhar

मीमांसा और सात्त्विक
को

पुरोवाक्

कवि के मन में भावों का उद्रेक ही काव्य के आविर्भाव का कारण है। यह रस केवल उल्लास-हास नहीं, करुणा-नैराश्य से भी संचरित होता है। रतिरत क्रौंच युगल के मार्मिक प्रसंग में वाल्मीकि के हृदय को करुणा ने इस क़दर आक्रान्त किया कि स्वतः काव्यधारा फूट पड़ी।

कविता एकमात्र विधा है जिसकी सर्जना अनायास है। जबकि कथा-लेखन एक दीर्घ सायास क्रिया होती है। जैसे मिट्टी को छानकर, कूट-पीट कर, पका कर, तपा कर तराशा जाता है, वैसे ही कहानी का संस्कार-परिष्कार कर उसे गढ़ा जाता है। मैंने अपनी कई कहानियों का अन्तिम अनुच्छेद, शीर्षक या अवान्तर प्रसंग दो-तीन महीने बाद रचा है। मन अटका रहता है, जैसे कोई पेंडिंग फाइल निपटानी हो। किसी जटिल मोड़ से कहानी की गाड़ी खींच लाने पर लगता है मानो यज्ञ की पूर्णाहुति हुई परन्तु कविता एक अनायास नैसर्गिक क्रिया है जो या तो बनती है या नहीं बनती है और बनते ही इंस्टेंट आनन्द प्रदान करती है। इसे बनाने का प्रयास इसकी सच्चाई को ग्रस लेता है।

मैंने एकान्त में बैठकर लिखने के साथ-साथ रेलगाड़ी, फ्लाइट लेट होने की स्थिति में एयरपोर्ट या भीड़-भरे स्थलों पर भी कविताएँ लिखी हैं। पर कभी-कभी ऐसा होता है कि कविता मन में प्रस्फुटित हो चुकी होती है बस शब्दों में, ध्वनि में प्रकट होना शेष होता है। परीक्षा-भवन में इंविजिलेशन के दौरान मेरे मन की भूमि इस क़दर उर्वर हो जाती है कि कुकुरमुत्तों की तरह कविताएँ उगने लगती हैं। प्रायः वहाँ से निकलते ही कई अमूर्त

कविताओं को मैंने क़लमबद्ध किया है।

मेरे विचार में हर व्यक्ति के भीतर कविता फूटती है। कोई कह देता है तो कहीं यह अनकही रह जाती है। अनकही वाले लोग ही सच्चे पाठक होते हैं। भरतमुनि द्वारा परिभाषित—'सहृदय' यानी सरस हृदय होते हैं। जो पात्र या कथ्य के साथ तादात्म्य स्थापित करके अपनी अनकही को तुष्ट करते हैं, 'लुब्ध' या 'क्षुब्ध' होते हैं, कभी 'वाह' तो कभी 'आह' करते हैं।

शास्त्रीय परिभाषा से परे भावुक मन से सोचती हूँ कविता क्या है?

खुली आँखों का सपन या बन्द आँखों की थकन!
हरी दूब की छुअन या सूरज की तपन!
उषा की उबासी या निशा की उदासी!
भोर की तरुणाई या साँझ की अँगड़ाई!

सुख-दुःख, राग-विराग, माया-मोह, छल-बल, रीति-नीति—कितने रूप हैं जीवन के। मानो सैकड़ों पंखुड़ियों वाला गुलाब या हज़ार सिलवटों वाला आँचल। इसी आँचल तले पलती है—कविता, जन्मती है कविता, महकती है लहकती है कविता। घुटनों के बल चलती है और खड़ी हो जाती है। फिर सधे क़दमों से बढ़ती है और दिलों पर दस्तक देती है। यह दस्तक सुषुप्त को जगाती है, जगे को चौंकाती है। चौंके हुए लोग ही यक़ीनन सजग हैं , चैतन्य हैं—दुनिया को जन्नत बनाने में लगे हैं, रूहों को जिलाने में लगे हैं।

मेरी तरह ज़्यादातर लोगों के दिलो-दिमाग़ में, नस नस में अनन्त विचारों के बीज कुलबुलाते हैं, उँगली पकड़कर हिलाते हैं। हर बीज में एक पौधा सो रहा है जो जन्म लेना चाहता है। ज़िन्दगी की आपा--धापी में अक्सर इन्सान उन्हें झटक देता है, उँगली छुड़ा लेता है और आगे बढ़ जाता है किन्तु कवि बड़े चाव से इन्हें उँगली थमाता है, धारण करता है बिलकुल गर्भ के शिशु की तरह और देखते देखते चित्र-विचित्र रूपों में कविता फूटने लगती है रोम-रोम से, नस-नस से। मेरी कविताओं की फ़सल

भी आपके हाथ में है।

कविमर्मज्ञ आदरणीय श्री अरुण कमल जी का कोटिश: धन्यवाद जिन्होंने मेरी विनती पर अपनी व्यस्त जीवनचर्या से समय निकालकर न केवल मेरी पांडुलिपि को पढ़ा, अपितु कविताओं पर टिप्पणी लिखकर मेरी आशातीत हौसला अफ़ज़ाई भी की। पुलक और संकोच के साथ सर्व प्रिय मित्र एवं जीवनसंगी श्री चन्द्रशेखर कुमार के प्रभूत सहयोग को सार्वजनिक करते हुए कहना चाहती हूँ कि मैं उन सौभाग्यशाली महिलाओं में से हूँ जिनकी हर सफलता के पीछे उनका साथी बिना शर्त अहर्निश खड़ा है। पुन: श्री अशोक महेश्वरी के प्रति कृतज्ञता व्यक्त करने का संयोग बना है, जिन्होंने राजकमल प्रकाशन के बैनर तले मेरी पुस्तक को प्रकाशित कर पाठकों से रूबरू होने का मौक़ा बख्शा है।

बहरहाल कविता का फूटना उत्सव है कवि के लिए, आह्लाद है, अनिर्वचनीय आनन्द है।

मेरे इस उत्सव में आप सब आमंत्रित हैं। मेरी इस फ़सल को, मेरी इस नस्ल को निरखिए, परखिए। इसे पोसने का सलीका सिखाइए।

शुभकामनाओं सहित—

भावना शेखर

अनुक्रम

विरुद्ध

हृदय की भूमि में भी होती है
शक्ति गुरुत्वाकर्षण की
अन्यथा वर्षों हम जुड़े न रहते
एक–दूसरे से
यह बात दीगर है
कि तुम बने रहे
कोई इमारत या फर्नीचर
निस्पन्द, असंग
धरती मैं ही थी
पर अब संवेगों की गेंद
फेंकती हूँ जब भी
तुम्हारे मन की दीवार पर
क्यों वह वापस नहीं आती
क्या ढह चुकी वह दीवार
जिसकी टेक लगाकर
तुमने अनुसना किया मेरी वेदना को
मैंने सुना था तन्मयता से
तुम्हारे मौन को
मुझे लौटा दो वो गेंद
न्यूटन के गति के तीसरे नियम का
तुम उल्लंघन नहीं कर सकते
यह विरुद्ध है
विज्ञान और प्रकृति दोनों के।

जिजीविषा

शिमला के माल रोड पर
बर्फ़ के भुरभुरे कण
मेरे काले, लम्बे ओवरकोट पर
गिर रहे हैं यहाँ-वहाँ बग़ैर इजाज़त
आवारा बच्चों के झुंड
काली चौंतरी पर
खेल रहे हों जैसे
पोसम पा भई पोसम पा
या
आई स्पाई खेलती
सफेद सपनों की टोली
ज़िन्दगी के स्याह होंठों पर
सफ़ेद इरादों की जुम्बिश सी
बुला रही है जिजीविषा
चोरी-चोरी बुदबुदाकर
मैं इन इशारों को
हौसले की पोटली में
चट से बाँध लूँ।

बिछुड़न

अपनेपन की माँझा
थोड़ा-थोड़ा लपेटा था रोज़
ज़िन्दगी की चरखी घुमा-घुमाकर
यहाँ-वहाँ इकसार कसा हुआ
आज भी कटी हुई पोरों पर
बाक़ी हैं निशान
सोचा था
मेरी भी पतंग उड़ेगी एक दिन
छुएगी आसमान
बादलों के पार
लालसा के चटख रंग की
सूरज के पैर में चिकोटी काटकर
लौट आएगी मेरी बाँहों में
डोर के सहारे
मगर ये हो न सका
मेले में बिछड़े बच्चे-सी
खो गई पतंग
कटकर गिरी किसी नदी-नाले में
या पेड़ की डाल में
उलझकर फट गई
नहीं जान पाई
नहीं जान पाते हम
कब कोई मज़बूत माँझा
हमारी डोर को काट डाले।

बचपन

चाँद छूने की तमन्ना
परछाईं पकड़ने की ख़्वाहिश
बादल का घाघरा पहन
गोल-गोल घूमने की चाहत
लहरों की पायल पहन
शरारतों की गगरी सिर पर उठाना
जानकर यहाँ-वहाँ यादें छलकाना
वक़्त को छकाना
बीते कल की पीठ पर
चुपके से धौल जमाना
साँझ के नीले किवाड़ की
ओट में छिप जाना
चाँदनी की पट्टी आँखों पे बाँधे
तारों को पकड़ना, चोर बनाना
हज़ारों ख़याल आईना हैं
मेरे बचपन का
मेरे छुटपन का।

तीसरा कोण

त्रिभुज की दो भुजाओं की तरह
छूते हैं एक-दूजे को
रिश्तों के धागे
पर अपने-अपने कोण पर
दूरी बनाए रखते हैं
इस कोण में मौजूद हैं
अपनी-अपनी हसरतें
अपने-अपने अतीत
और
चन्द लम्हे आज भी
हर त्रिभुज की तीसरी भुजा
दिखे ही
कोई ज़रूरी नहीं
पर बनाए रखता है सन्तुलन
यह तीसरा कोण
सँभालता है बड़ी एहतियात से
दोनों की थाती
छोटी-छोटी चरखियाँ यादों के धागों की
चोरी-चोरी एकान्त में कन्ने बाँधकर
ख़्वाबों की पतंग उड़ाना
किसे नहीं भाता
रिश्ते निभाना जब मुश्किल हो
रिश्तों को बहलाने का यह विकल्प
क्या बुरा है!

एक अदद सपना

एक अदद सपना
पंख लगा देता है
डूबती चाहतों को
बेचैनी भर देता है
राहतों के ठूँठ सीने में
बीमार ज़िन्दगी को अब
वेंटीलेटर से हटाया जा सकता है
सपने की उँगली थाम
चलाया जा सकता है
थके बीमार पैरों पर,
दौड़ा जा सकता है पठार पर
उतरा जा सकता है
अतल गहरी घाटियों में

मैं भी चाहती हूँ
बुनना एक सपना
हल्के नीले रंग का
तुम्हारी स्वेटर में डाले पैटर्न जैसा
वक़्त की थोड़ी-सी ऊन
क्या उधार दोगे ?

पलायन

लपेट रखे हैं कितने ही प्रश्न
हवा ने
उँगलियों की पोरों में
एक-एक कर छोड़ जाती है
रोज़ कमरे में
खिड़की के रास्ते
अनब्याही माँ द्वारा
किसी चौखट पर छोड़े गए
नवजात की तरह
उत्तर की तलाश में प्रश्न
और
साये की आस में शिशु
दोनों पड़े हैं
अनुत्तरित, अनिश्चित

मैं कायर
अवसाद के पीले लबादे को खींच लेती हूँ
सिर तक
भीतर अँधेरे में भिंची आँखें खोल सकती हूँ
किन्तु नहीं खुल पाती
प्रश्नों की महीन पोटलियाँ
नहीं कर पाती रुख़ चौखट का

शिशु के क्रन्दन से
चीख़ते हैं प्रश्न
काश! जुटा पाती साहस
दोनों से न भागने का।

मीता

चुटकी भर साँस
जो फूँकी तुमने
आस्था की
बाँसुरी के बन्द द्वार
खुल गए हैं
सुरों का सोता
भिगो रहा दिन-रैन
गूँगे पपीहे को
मीलों लम्बे कैक्टस में
अटका जुगनू
आज़ाद हो गया है
उकेरता है अब
अंजलि भर-भर दिपदिपाहट
खुल चुके हैं
सिरे से बँधे पंख
हौसलों के
हवा से होड़ को अकुलाते हैं
छुड़ा देता है
चक्कों में लगा ज़ंग
भर देता है रवानी
एक अदद दोस्त
एक मीता।

विलग

डोर से जुड़ी पतंग
बाँध से बँधी नदियाँ
सीमा में बँधा सागर
लोहे की छड़ों में बँधी ईंटें
सब कुछ टिका है
सँभला है
बन्धन से, जुड़ाव से
जुदा होते ही
सब निष्प्राण, निस्तेज, निस्सार

केवल...और केवल मानव
खिलता है, विकसता है, सँवरता है
टूटन से, अलगाव से
विकास का पहला पग है
गर्भनाल से विलग होना
शिशु का।

महाशंख

अनबोले विचार
अनबोए बीज होते हैं
पौधे की घुटन को गर्भ में समेटे
शून्य में तैरते
अमूर्त बिम्ब
ढेरों आकाशकुसुम
या रेत पर उगे सरकंडे

मौन की गुहा में क़ैद सुर
गुलाबी पगडंडियों पर
थिरकने को आकुल
कसमसाते स्वप्न
कर्मभूमि में रोपे जाने की प्रतीक्षा में आतुर
सिर्फ़ एक बार
इन्हें पहना दो
अभिव्यक्ति का जामा

तृषित प्रेयसी के हृदय में
फूल उगा सकते हैं
रूढ़ियों के जंगल में
आग लगा सकते हैं
इनकी मुखरता जगा सकती है
पत्थर को भी
महाशंख बनकर...महाशंख बनकर।

क़ैद

आज फिर
पिंजरे के पंछी ने देखीं
टूटी चूड़ियाँ
उदास चूल्हा
लुढ़की बोतल
भीगा तकिया
आज फिर
पंछी अपनी क़ैद पर मायूस न हुआ।

चुप थी मैं, चुप हूँ मैं

चुप थी मैं
जैसे चट्टानें चुप होती हैं
फ़ौलादी शिकायतों को
दफ़न किए सीने में
सतरंगी इप्सा पर
बर्फ़ की पुताई किए
कितनी झंझा दलीलों की
कितना आलोड़न तर्कों का
सफ़ेद मौन की वज्र चादर तले
घुटता रहा
बग़ैर कसमसाहट के
न श्वास, न उच्छ्वास
फिर भी ज़िन्दा

आत्मविश्वास
आत्मश्लाघा की
रंच मात्र चिनगारी न छोड़ना
अन्यथा फूट पड़ूँगी
सहस्त्राकांक्षाओं वाली
विराट नदी बनकर
जानती हूँ

ग्लेशियर बनानेवाले
आसमान की कूटनीति
पर
चुप हूँ मैं।

विधि-निषेध

मुझे बनना है तुम्हारी तरह
बोलने हैं
रुनझुन घंटियों से छोटे-छोटे झूठ
जो बचपन की करधनी में लटके थे

चुराने हैं अधिकार
पंजों के बल उचककर
सूरज के छींके से

लपेटना है चाँद का
झीना आवरण
नाभि के नीचे

लाँघनी है रेखाएँ निषेधों की
नहीं दूँगी अधिकार लक्ष्मण को
क़ैद करने का

नहीं बनना
अहल्या, द्रौपदी, सीता
नहीं बनना
प्रशस्ति-पत्र या फ्रेम में जड़ी मर्यादा

दिखाना है अँगूठा रस्मों को
जो हराती रहीं बार-बार
बुझानी हैं लपटें अग्निकुंड की
जैसे तुम बुझाते रहे
बार-बार शपथ तोड़कर

क्या दोगे मुझे इस बार
दो-चार पंख
मुट्ठी भर हौसला
और
क़तरा भर आज़ादी।

शुक्राना

शुक्राना मेरी क़लम का
बोलती है मेरी भाषा
गढ़ती है मेरे शब्द
बोती है बीज
अतृप्त इच्छाओं के
करती शर सन्धान
मेरे आततातियों का
उघाड़ती हैं व्रण
अनदेखा किया जिन्हें
मैंने युगों से
कातर की टंकार बन
तरेरती है जग को
बस, और नहीं।

सत्रहवीं दहलीज़

बड़ी-बड़ी बरौनियाँ थीं बचपन की
बिल्लौरी कंचे डोलते
टूटे थर्मामीटर के पारे की तरह
इस ओर से उस ओर
पाँव में बँधी थीं बेताबियाँ
मछली-सी तैरती
यहाँ से वहाँ तक
आवारा लटों को थी आज़ादी
अलमस्त खुली बदलियों-सी
घूमने की
जिस-तिस को छूने की
ड्योढ़ियाँ लाँघने की

सत्रहवीं दहलीज ने
डाल दी हैं बेड़ियाँ
बेलौस, गुनगुनाहटों
खिलखिलाहटों
सरगोशियों पर
बिल्लौरी कंचे अटक गए हैं
उम्र के सँकरे गड्ढे में
पाँव की पाज़ेब
पहरा दिया करेगी
बालों को बाँध दिया है

बन्दिशों के रिबन से
तैयार हूँ गोद भराई के लिए
नैतिकता, संस्कार, मर्यादा की अकूत सम्पदा से
भर गई झोली
और
मणि, माणिक-सी मूल्यवान मैं
सहेज दी गई
सात तालों में।

ऋतु स्नान के बाद

खिन्न था मन
अतिशय विषण्ण
मेरे साथ क्यूँ...कैसे
अनुत्तरित प्रश्न
गहन अवसाद
अपार विषाद
कैसे छूटेगी अप्रिय याद

असुरक्षा के शूद्र कीट
रेंगते थे पीठ पर
कटि पर, जाँघों पर
लिजलिजी कुलबुलाहट
मौत को भी त्रस्त करती
जिजीविषा दुबकी थी
अँधेरे कोने में मुँह छिपाए

उस रिश्ते की सलीब उठाए
सदियों से घिसट रही थी
हर एक का मुँह ताकती
मैं कातर
अन्तस के ज्वार से अनभिज्ञ
आज फूट पड़ा है
सोता कस्तूरी का

हज़ार फुहारों में
ऋतु स्नान के बाद
हूँ मैं दीप्त, पुलकित, उल्लसित
जानकर
हर रिश्ते की एक उम्र होती है।

अभिधा नहीं व्यंजना

मेरे शब्दों में छिपा है
नाद
माँ की नीरव सिसकी का
नानी के विलाप
दादी के सन्ताप का

मेरे हर्फ़ों में स्याही बन
चमकती हैं
नमकीन बूँदें
चूल्हे ने सोख लिया जिन्हें लपककर
या छन्न से
जलती लकड़ियों ने निगल लिया था

मेरी तहरीर में
मचलती हैं उँगलियाँ
जिन्हें स्वेटर बुनते
तवे पर जलते
एक जोड़ी पाँव पखारते
देखा छुटपन में

मेरे लफ़्ज़ों में
थिरकते हैं पाँव
ज़िन्हें भंडार से ड्योढ़ी तक

मीलों चलने की छूट थी
सहमे-सहमे

मेरी कविता में
लाखों लालसाएँ
करोड़ों कल्पनाएँ
गुँथी हैं, टँगी हैं
अलंकार और छन्द बनकर
करुणा और शृंगार बनकर
यह अभिधा नहीं
व्यंजना है
पहचानो तो!

बित्ता भर जमीं

बेलन से लेकर स्टीयरिंग तक
घर से लेकर संसद तक
धरती से लेकर अन्तरिक्ष तक
जीत लिया ब्रह्मांड को
छोटे-छोटे क़दमों से

अगला पग उठ चुका है
पृथ्वी, आकाश, पाताल
नप चुके हैं
कुछ भी शेष नहीं
बची है तो बस
तेरे अहम् की टुकड़ा भर ज़मीं

अब तो जगह दे बित्ता भर
समेट अपने वर्चस्व को
रख दे
अलमारी के ऊपरवाले खाने में
पीछे की ओर
तहाकर।

स्त्रीलिंग

क्यूँ है
अभिशप्त, निष्कासित
स्त्रीलिंग
नारी, धरती, नदी
तीनों स्त्रीलिंग हैं
तब तो राम ने त्यागा
मर्यादा के नाम पर
आज जनक त्यागते हैं
पराए धन के नाम पर
पति दहेज़
पुत्र महँगाई के नाम पर

स्पर्श रावण-दु:शासन का
वंचना इन्द्र की
कलंकित स्त्री हुई
सतयुग में अहल्या
त्रेता में जानकी
द्वापर में द्रौपदी
कलियुग में तो लिंग तक कलंकित है
तभी तो मरना पड़ता है
कोख में

न काया, न रूप
चन्द घुटी-घुटी साँसें
श्वानों की घ्राण सूँघ लेती है
कचरे में पड़े पॉलीथिन में बन्द
कसमसाहट को
अहल्या देखती रही त्रेता की राह
पर धन्य श्वान योनि
जो इंस्टेंट मुक्ति दे देती है

और धन्य है मानव
जो पुंलिंग है
मनु पुत्र कहलाता है
कदाचित् श्रद्धा पुत्र कहलाता
यूँ दमन न कर पाता
क्यों भूल गया
एक श्रद्धा थी
निमित्त थी, उपादान भी
जिसने धारण किया
पालन किया

तू करता रहा केवल
प्रकृति पुरुष की क्रीड़ा का अनुसरण
दुहता रहा
नारी, धरती दोनों को
अनवरत
पल-पल युगों से

नहीं देखता
गँदले, चीकट आँसू नदियों के
नहीं देखता

आकाश के शामियाने में
सुरसा के मुख-सा छेद
नहीं पहचानता गर्भनाल को
हे मनु पुत्र!
त्राण सम्भव है
अनर्थ रुक जाएगा
तुझे श्रद्धा पुत्र बनना होगा।

स्वाभिमान

एक ज़िद
रात भर पड़ी रहती
बड़ी--सी पीठ पर दम्भ चिपकाए
सुषुप्ति का अभिनय कर

कुलबुलाती हैं उँगलियाँ
छूने को
ख़ुद की याचना
फिर कड़क आदेश
छीन लेता स्वाभिमान की पोटली

चल उठ
पाट खाई को
गहराई को
तुझे मरना होगा
बीस बरस जो किया
आज फिर करना होगा
कोप भवन तेरा अधिकार नहीं

पर मैं ही क्यूँ
बार-बार
हर बार
अंगारों पर चलने की

शपथ तो नहीं ली थी
न ही जन्मी हूँ
परम्पराएँ गढ़ने को
मरने को

एक युद्ध लड़ती रही
सँकरी, अँधेरी सुरंग में
रात भर
निरस्त हुई याचना अन्ततः
सुनहरी दस्तक सुन
बच गया स्वाभिमान
पहली बार
बिना चटके।

हवा उदास है

आज हवा उदास है
कभी होती थी खुश देखकर
पंछियों के प्यारे जोड़े को
गाते जो युगल गीत
फुदक-फुदक कर
चहक चहक कर
भीग जाती हवा भी
पंचम स्वर की बूँदों से

एक दिन
पकड़ लिया सैयाद ने
टहनी की जगह अब है एक पिंजरा
बाज़ार में
नए घर में दुबकी रहती नन्ही चिड़िया
साथी के डैनों में
वो भी देता उसे अभयदान
सहलाकर बहलाकर

पर जब से आया है पिंजरा
आलीशान मकान में
नर झपटता है मादा पर
कर देता लहूलुहान
चोंच और पंजों से

अकुलाती कराहती मादा
चुप बैठ जाती देखकर
कि पिंजरे के बाहर भी
चुप है कोई उस जैसी

आज हवा उदास है
मायूस है
पंछी भी इनसान का
शागिर्द जो बन बैठा है।

तुम और मैं

सदियों से अदना सा लफ़्ज़ है औरत
तिनके-सा एक वजूद है औरत
चुप बैठो चूल्हा फूँको
लक्ष्मण रेखा मत लाँघो

बँधी रहो कभी डोर से कभी खूँटे से
पंख न खोलो उड़ न पाओगी
गिर जाओगी
तुम गिरीं तो औंधे मुँह लुढ़क जाएँगी
सारी सभ्यताएँ सारी मर्यादाएँ

उफ़,
औरत का संविधान
बाट जोहता आज भी
किसी संशोधन की

उसे याद है—
एक तरल पोटली को
नौ माह उठाए घूमती थी
आह, सँभाल के
कहीं टूट न जाए फूट न जाए
दरक न जाए सरक न जाए

सौ बिच्छुओं के डंक
हज़ार कोड़ों की मार से भी जुदा था
वो दर्द
जो किसी ने दिया नहीं
ख़ुद लिया था मोल उसने

एक नया पुतला जो बनाना था
पनपाना था एक नया पौधा
पहनाना था एक नया चोला
तुम्हें

याद है तुम्हें!
अँधेरे कुएँ के बाशिन्दे!!
जब तुम पहली बार बाहर आए थे
घबराए थे

बन्द पपोटों में रोशनी के नश्तर
चुभ रहे थे
तब भी
औरत के हाथों की नरम थपथपाहट ने
तुम्हें रुलाया था जिलाया था
थाम के उँगली चलना सिखाया था

नख दन्त प्रहार झेलकर भी
छातियों की धार नहीं सूखी थी
नेह का निर्झर फूटता ही रहा अनवरत
तवे पर जलती उँगलियों की पोरों ने
पोंछे तुम्हारे आँसू अनगिनत बार
एक उम्र गुज़ार दी यूँ ही

राह देखा करता हर रात
एक गीला बिस्तर
नींद की बाँहों से छुड़ा लाता
तुम्हारा रुदन
पर न कोई झिड़की न फटकार
केवल और केवल प्यार

गैया-सी चाटती तुम्हें चुमकारती मैं
अपने भीतर की औरत को छोड़ आई थी
एक बन्द गली में
मेरा 'मैं' दफ़न हो चुका 'तुम' में
तुम मुझ में थे
अब हूँ मैं तुम में

मुझे दुलराना पुचकारना
सँभालना ऐसे
जैसे सँभले थे तुम
उस तरल पोटली में।

यात्रा

अलस्सुबह आँगन बुहारती
हथेलियों से सहलाती
लीपती चौके को

चूल्हे पर हुआरु में
राजमा चढ़ाकर
पंचगव्य से गंधाते कोने का
रुख़ करती

छर्र–छर्र
अँगूठों के नीचे से झरती
धवल धार वाली
झाग की बालटी लिये लौटती

चट से धागा पिरोतीं
वो सूक्ष्मदर्शी बिल्लौरी पुतलियाँ
कास का फूल हो गई हैं

कपिला गाय–सा रंग
हो गया है ताँबई

पंख लगे पैरों पर
मैराथन बनी जिन्दगी का चक्का
अब जाम हो चुका है

ढेर सारी ऊँची-नीची
पगडंडियाँ बुन डाली हैं
वक़्त ने
उस मुखड़े पर
नम्बरदार की निगाह जिस पर
फिसल-फिसल जाया करती थी

परियों के सिरहाने सा
वो गदेला वक्ष
चुभता है अब
दधीचि की अस्थियों-सा

परलोक गए पति
और
परदेस गए बेटे को
याद करती माँ!
पर, क्यूँ लगती है
आज भी, तू

कनक कटोरे के दूध-सी मीठी
और
चाँदी के चाँद-सी सुन्दर!

शो केस

शहर के बाहर
बनी है नई इमारत
गुलाबी संगमरमर के परकोटे से घिरी
उम्दा कारीगरी की मिसाल

ताकते हैं हाइवे से गुज़रते लोग
ठिठक जाते हैं पल भर को वाहन
सराहना पुतलियों से झलकती है
होंठों से टपकती है

देख रही पंडुक
कई दिनों से नज़ारा
सड़क के उस पार से
लटके-लटके
गुलमोहर की फुनगी पर

पहले कभी ऐसी हलचल न थी
बियाबान खेत में
खँडहर हुआ करता था
और
झाड़-झंखाड़ के बीच अकेला पेड़
कितनी ही बार
लटकाया था घोंसला जिसमें

पाल-पोसकर
क्षितिज की होड़ में
भेजी कितनी ही पंडुकें

बस वही पेड़ है जाना-पहचाना
शेष सब बदल चुका है

पर आज
तिनके चोंच में दबाए
जब भरी थी उड़ान
उसी पेड़ पर नशेमन की चाह में

किसी पारदर्शी दीवार से टकरा
औंधे मुँह जा गिरी थी
टूट गए थे तिनके

बेचारी चिड़िया
नहीं जानती
इनसान जादूगर बन चुका है

उसने क़ैद कर रखा है सबको
शीशे की दीवार में
घर-आँगन, नाते-रिश्ते
पेड़-पशु और सागर भी
ज़िन्दगी शो केस बन चुकी है।

लाल रंग

उड़ता गुलाल
अलसाए ख़्वाबों को रँगता था
हरी, गुलाबी, नीली, पीली
पिचकारियों की धार
उकसाती
बचपन की दहलीज़ लाँघने को

होली के बहाने
साल में एक बार
हमजोली से टकराना
दुपट्टा गिराना जानकर
हया से फिर सुर्ख़ हो जाना

हज़ार रंगों की शोख़ियाँ
मयस्सर और महफ़ूज़ हुआ करती थीं

शिद्दत से होली की राह देखा करते
रोज़ लुभाता, ललचाता
फड़फड़ाते कैलेंडर का
लाल ख़ाना

जमा करते जाते
एक नया रंग

रोज़
सपनों की गुल्लक में

पर आज
पुतलियों में एक ही रंग है
ख़ौफ़ का

कहीं कोई सरफिरा
होली न खेले
किसी प्लेटफॉर्म
सड़क या ठसाठस भरी बस में
फट न पड़ें
काँच के टुकड़ों से भरे ग़ुब्बारे

डराता है सिर्फ़
एक लाल रंग
जूतों, चीथड़ों और पतलूनों के टुकड़ों में सना

कौन जाने होली के बहाने
कोई मल दे
वही लाल रंग लहू का
आदमियत के माथे पर।

वसन्त

उस रात
घुस आए
कुछ शैतान
जंगल में

बूटों तले मसले गए सूखे पत्तों ने
ख़ूब शोर मचाया
पर कोई न आया बचाने
उन क़द्दावर बेज़ुबानों को
अगली सुबह
जो
सूरज की अगवानी न कर पाए थे
किरणों ने कितना झिंझोड़ा
पर उठ न पाए थे

जल्द ही बग़ल से
गुज़रती नदी के रास्ते
इन्हें भेज दिया जाएगा
दूर इनकी मिट्‌टी से

दिन भर चिड़ियाँ चीख़ती रहीं
मधुमक्खियाँ हैरान-परेशान
दोपहर बाद

अपने पसन्दीदा मुकाम पर उतरी
खिलन्दड़ों की टोली भी गुमसुम है
खेल मुल्तवी हो चुका है

शिनाख़्त जारी है
यहाँ-वहाँ बिखरी विकच डालियों की
नदी की ओर उन्हें घसीटे जाने के निशानों की

पर क्या करें
मातम मनाने से बेहतर है
चुनना
बिना गाँठवाले चिकने टुकड़ों को
कितनी सारी गिल्लियाँ बन सकती हैं

शाम ढले तक
मेला लगा था
काटने, छीलने, चुननेवालों का
बड़े-बड़े गट्ठर सिर पर लादे
विदा हो गए सब

सूखे पत्तों ने देखी सारी कार्यवाही
बेबसी का पत्थर सीने पर धरकर

मौसम बदला
आज उन्हीं ठूँठों में
सब्ज़ रंग उग आया है
कहीं-कहीं

मालूम होता है वसन्त आ गया
काश, वसन्त पहुँच पाता
आदमी की रूह तक!

ख़ुश है झोंपड़ी

धरती में धँसी झोंपड़ी
निकट की अट्टालिका को देखने
उठाती जो सर
कितने ही खपरे और फूस
खिसक जाते अपनी जगह से
मचक जाती बेचारी की गर्दन

देखती है दृश्य रोज़
सौन्दर्य और भव्यता के
जी बहलता है
इन्द्रलोक के वासियों से
अप्सराओं से
बग़ल से सरसराते चमचमाते विमानों से
अनाम पुष्पवाटिका के
दिव्य सौरभ से वो झोंके
झोंपड़ी में भी
हो जाते प्रविष्ट अनायास

हँड़िया में पकते भात और सालन की सी गन्ध
उकताहट भर देती है
अट्टालिका से आती
लज़ीज़ ख़ुशबू में
कितने ही व्यंजन

चख लेती है झोंपड़ी
और
कड़क धूप
बारिश की झटास से
बचाती है
यह अमरावती

कितनी ख़ुशक़िस्मत है झोंपड़ी
ये महल न होते
तो क्या होता!

अलाव

पूस की ठंड में
अलाव एक जलता था
हर एक नुक्कड़
हर एक गुमटी पर
खेत-माटी, चूल्हा-हाँडी
गोतिया बिरादरी
बेटी के ब्याहने से
गैया बियाने तक
जोगी की होरी
फगुवा के आने तक

पनपता था संसार
वेदना-संवेदना का
महसूसता हर कोई
मीठी आँच
धड़कन के इर्द-गिर्द
गरमाए रखती ताउम्र
जो रिश्तों को
मुहल्लों-टोलों में
ग़ैरों-अपनों में

अब तो अपनी-अपनी
कोठरी में जलाते हैं

अपने-अपने अलाव
नहीं जानते नादान
अग्नि विराट है
ऊष्मा विराट है
अलाव सेंकता है
सर्द घावों को, दुरावों को
समष्टि में
व्यष्टि में तो
मात्र धुआँ है, घुटन है।

लैम्प पोस्ट

सालों से
लैम्प पोस्ट की पीली बत्ती
मज़दूरनी की मैली धोती-सी दिखती
फेंकती बमुश्किल
सिलवटों वाली रोशनी

उसी के नीचे सो जाते
भूख, बेचैनी और ग़ुरबत
आवारा कुत्तों के साथ
यहाँ-वहाँ गली में

म्यूनिसिपैलिटी के सूखे नल के नीचे
नहाते बेफ़िक्र
हँसी के फ़व्वारों में
धींगामुश्ती, चुहल
ताश के फटे पत्तों
और बेसुरे रागों में
जिन्दगी बँट जाती
रातें कट जातीं

पिछले पखवाड़े
अन्धड़ में टूट गया लैम्प पोस्ट
अब तो आए दिन

किसी का बटुआ
किसी की अस्मत
लुट जाती है
कल बोरे में बन्द लाश
फेंक गया कोई अनाम

ऐसे ही होते हैं
किसी खपरैल के नीचे
खटिया पर झूलते थरथराते जिस्म
ताउम्र रखते महफ़ूज़ घर को
लैम्प पोस्ट की तरह
बावजूद थकी, मैली, पीली बत्ती के।

ज़मीं का दर्द

क्षितिज में गाँव
तारों में बसेरा
हवा से होड़
परिन्दों से स्पर्धा

सूरज से ठिठोली
चाँद से खिलवाड़
बादल की सवारी
सपनों से लाड़

ओढ़ लिया
ख़्वाबों का खनकता आकाश
तान लिया
मनसूबों का महकता चँदोआ

इतराता है आदमी
नई नवेली चाह पर
निगाह उसकी बस आसमाँ पे टिकी है

और ज़मीं
छोड़ी हुई औरत-सी
चुपचाप सिसकती है।

ध्वंस

पत्तों से छनती धूप
बदरंग है
कलई उतरे बर्तनों-सी

हवा
थकान में बोझिल
धूल के गट्ठर परों पर उठाए
घिसटती सी उतरती है
खिड़की से

क्यारी के पौधे
गुमसुम खड़े हैं
दुबकी पड़ी है नन्ही गिलहरी

नदी पर का गुलाब
सहमा है देखकर
गई रात चीकट लहरें
छोड़ गई हैं
कुछ सुनहरी मछलियाँ
उसके पायताने
जो अब कभी न उतरेंगी
पानी में।

ख़ुदगर्ज़

धरती को छलते हैं
ठगते हैं आसमान को
इनसानी फ़ितरत की
ख़रीद-फ़रोख़्त करते हैं
कुछ नादान बाशिन्दे
इस बस्ती के

घोंसले में अंडे सेती चिड़िया
बारिश की बूँदों
पेड़ की शाखों
और
बसन्ती बयार से
नावाक़िफ़ लगते हैं
बेचारे!

सबसे पहले, सबसे तेज़

दीये का तेल
तेज़ी से चुक रहा

चींटी को जल्दी
बिल में पहुँचने की

चाँद है ग़फ़लत में
तारों में हड़कम्प मचा

ज़मीं की कोख में पल रही बेचैनियाँ
उठ रहीं सागर में
अजीब अलबलाहटें

उड़ रही गोधूलि साँझ से पहले
फूल जाने क्यूँ खिलने की हड़बड़ी में

मौसम की खींचातानी
सड़क पर चिल्ल-पों

सबको जल्दी भागने की
सबसे पहले
सबसे तेज़

मालूम ही नहीं पड़ा
कब हो गई क़ुदरत
इनसानी फ़ितूर का शिकार।

दूरी

दूरी है ज़रूरी
सन्तुलन के लिए
नदी के दो किनारे
रेल की पटरियाँ
तराज़ू के पलड़े
ताकते एक-दूजे को
समान दूरी से
बनी रहती उपादेयता

भले लगते हैं
दूर से
बादल और चाँद
दूर बरसते हैं
झमाझम बादल
पास आकर फट जाते
सैलाब बनकर

चाँद है ऊबड़-खाबड़
टेढ़ा-मेढ़ा पास से
दूर से सुन्दर
रूपसी प्रेयसी-सा
दूरी मिटाने के क्रम में
ध्वंस में बदल जाता निर्माण

पूर्णिमा के चाँद से
दूरी न रख पातीं लहरें
पटक देतीं जहाजों को
रसातल में

आकाश में होड़ लगाती
दो रंगीन पतंगें
दूरी पाटने के क्रम में
काट देतीं
एक-दूसरे को
दूर बैठी माँ
भांती प्रवासी पुत्र को
पास वाली
ओल्ड एज होम में
धकेल दी जाती है।

इल्म

पेड़ों की कत्थई डालियाँ
सतरंगी इन्द्रधनुष
दोनों देखते ज़मीं को
बड़े अदब से

नदियाँ ऊँचे मुहानों से
उतरती हैं नीचे
जैसे गंगा
उतरती चली गई
नीचे...और नीचे
आकाश से पाताल तक,
पर
जितना उतरी, चढ़ी उतना ही
दिलों में
फ़रिश्ते तक चले आते हैं
जब तब ज़मीं पर

तनी तीली को
नकार देती चिनगारी
झुकी को मशाल बना देती है
सीधी सपाट सड़क पर
तनकर चलना मुमकिन है
चढ़ाई पर हो मुकाम जिनका
झुक ही जाया करते हैं।

ज़मीन–आसमान

सूरज चाँद सितारे
बादल बिजली
परिन्दे पतंगे
बेख़ौफ़ तफ़रीह
के लिए खुला है
आसमान

ज़मीं पे उगी हैं
बँटवारे की फसलें
आँखों में दीवारें
दिलों में सरहदें
कारस्तानी देखकर
ख़ुदा हैरतमन्द है
सोचता है कौन मुझसे
बड़ा हुनरमन्द है।

ज़ेबरा क्रॉसिंग

भारी यातायात से पटी सड़क की तरह
सरकती जाती है ज़िन्दगी
मुश्किलों का जाम लगा है
उलाहनों की चिल्ल-पों मची है
सबसे पहले की होड़ में
महत्त्वाकांक्षाएँ टकराती हैं

छन्न से टूट जाते हैं कितने ही सपने
काँच की तरह
पिघलते कोलतार सी ऊहापोह में
धँसे जाते हैं मनसूबे
तलाशती हूँ एक ज़ेबरा क्रॉसिंग
महफ़ूज़ जो ज़िन्दगी के उस पार ले जाए।

कर्मण्यता

हवा के कन्धे पर सवार
अविराम उड़ती
निर्मल आकांक्षा
अकस्मात्
अकर्मण्यता द्वारा अपहृत
हो जाती है
उनींदी लिप्सा जाग उठी है
विस्फारित नयनों में
भर रही कुटिलता
फेंक रही
मलिन चादर का जाल
अबोध पंछी पर
फड़फड़ाती-अकुलाती आस
दम तोड़ दे
बनना है कर्मवीर
उसके पहले।

बोध

अँधेरी गुफा में
उल्कापात हुआ
बोध का

जल उठी
अविद्या जड़ता
भस्म हुए विकार
अब न गुहा न गह्वर
न मृत्तिका न प्रस्तर

केवल...केवल प्रकाश
न अहम् न त्वम्
केवल तत्त्वमसि
केवल सोऽहम्।

वातायन

चाँद-सूरज के बीच
दीवार है अनबोले की

दोनों जकड़े हैं
दर्प की बेड़ियों से

धरती ठिठुर रही
समन्दर है जल रहा
नदियाँ हैं ठिठकीं
आसमान गल रहा

मेरा मन उड़ चला
खोलने एक खिड़की
चाँद-सूरज के बीच
उस दीवार में।

क्षमा

शंकु उपालम्भों ने
कितना ही जर्जर किया

आरोपों की धार ने
किया विदीर्ण

भर्त्सना की भट्टी ने
पल-पल तपाया

कोप के प्रहार ने
किया छिन्न-भिन्न

क्षमा मुस्कुराती रही
गुनगुनाती रही
हर युग में

सनातन चिरन्तन
हर पल हर छिन।

मैं मूढ़

तू पास है...बहुत पास
मेरी निगाहों के नीचे
साँसों में घुला
शिराओं में बहा
आनन्द के अतिरेक में
विषाद के आधिक्य में

भर लेता आलिंगन में
जलते हैं तलवे जब
अग्निपथ पर
रख लेता मुट्ठी में छिपाकर
आँधियाँ जब आती हैं

उड़ न जाऊँ तिनके-सा
बिखर न जाऊँ बालू-सा
तू पास है...बहुत पास
मैं ही दूर चला जाता हूँ
अविद्या के जंगल में
मैं मूढ़...भ्रमित...अजान।

महत्त्वाकांक्षा

महत्त्वाकांक्षा
गर्भस्थ शिशु-सी
पल रही भीतर ही भीतर
नरम तालू से अवश्य भेदेगी
धरा का वक्ष कुलिश
एक दिन
उद्भिजों की तरह।

लापता

एक उम्र
ख़्वाब देखने को आमादा
एक का ताबीर से
वादा है
ख़लिशों की भीड़ है
कशमकश ज़्यादा है
एक लम्हा जी तो लें
बेमक़सद बेराह
बेख़ौफ़ बेइन्तहा
चुपके से हो जाएँ
ख़ुद से लापता।

उम्मीद

कँटीले झाड़ से गड़े
लफ़्ज़ों के नश्तर

जहाँ भर के तंज़ों ने
कोंच-कोंच कर
पस्त किया हौसलों को

तुम हार चुकी हो हार चुकी हो
कोशिशें तमाम नाकाम हो चलीं

तभी
शिकस्तों की भीड़ में
हौले से मेरा दामन खींचकर

फुसफुसाकर
कहा उम्मीद ने
और एक बार...और एक बार।

यादें

कुछ यादें बुलबुलों-सी
पल-पल आती-जाती हैं
कुछ पनीली आँखों को
कुछ और धुँधलाती हैं
कुछ को बोती हूँ हर साल
भादों में
अगहन में काट लेती हूँ

कुछ हाथ की लकीरों-सी
वजूद से जुड़ जाती हैं
बेरंग-बेनूर, ज़िद्दी-मग़रूर
वक्त की धारों से
मौसम की फुहारों से
बेअसर

मन की हथेली को
कई एक बार खुरचा
हौसले के नश्तर से
हर बार
हौसले की धार
कुन्द पड़ जाती है

यादों की लकीरें
फिर से उभर आती हैं
पिछली बार से
कुछ और गहरी
कुछ और साफ़।

सहारे

कुछ सपनों की उम्र होती है
इत्ती सी
बुदबुदे जैसे जगते
दम तोड़ देते हैं

कुछ नूर बन चमकते
सालोसाल
कुछ टपकते हैं
अश्क बनकर
ताउम्र

कुछ जश्न
कुछ मातम का
सामान हुआ करते हैं

पर मुमकिन होता है
काँटों पे चलना
टूटी कश्ती पे सवार होना
ख़्वाहिशों के सहारे।

मौत

अलसायी पलकों में
आफ़ताब का नूर
छितराई अलकों में
बादल आसमान के
साँसें ख़ुशबू के तूफ़ान
ख़ामोशी भी एक खनक
एक नफ़ासत
एक नज़ाकत
सरसराते रेशम में
बाँधे न बँधती थी

आज बँधी है
बाँस के बिछौने से
आँखों का नूर
पत्थर हो गया जमकर
साँसों को ख़ुशबू
बख़्श रही हैं अगरबत्तियाँ
नज़ाकत काफ़ूर हो गई
नफ़ासत बिखर गई है
मौत पल भर में
मंज़र बदल देती है।

त्राण

गगन भर तिमिर है
साग़र भर आग
छिन भर की जीत है
युग भर की हार

आस के पंछी के
पर कट चुके हैं
शाख के पत्ते
सभी झड़ चुके हैं
वक्ष में वंचना का
धूम भर रहा है
किन्तु बहुत दूर
एक दीप जल रहा है

ऐ आसमान वालो,
कोई सीढ़ी न देना
मैंने अपना पहला
क़दम उठा लिया है।

ज़िद

चाँद को
ज़मीं पर लाने की ज़िद
और ज़िद आसमाँ में घर बनाने की
हवाओं में फूल
छत पर बग़ीचा
उगाने की ख़्वाहिश भी
एक ज़िद है
कुछ ज़िदें शरीर बच्चे-सी होती हैं
सदक़ा करने को जी चाहता है
कुछ गुदगुदाती हैं
माशूक़ा की शोख़ क़सम सी
कुछ ज़िदों ने ज़माने का रुख़ बदल दिया
कुछ ज़माना मिटाने पे तुली हैं
बचपन में बुढ़ापा लाने तुली हैं
कुछ के निशाने हैं
मशरीक़ और मग़रिब
दिलों में सरहदें
बिछाने तुली हैं।

आस

चूल्हे की राख में बुझते अंगारे
हथेली पर सूखती क़तरा भर नमी

इकलौते पैर पर लँगड़ाती मैना
और पुलिया के पार वाली बंजर ज़मीं

कभी तो सुलगेगी बुझती चिनगारी
चुल्लू भर तरावट मुट्ठी में होगी
उस पार होगी परिन्दों की आहट
मेरी मुँडेर पर भी गौरैया फुदकेगी।

गाँठें

कितना कठिन है
सम्बन्धों को सुलझाना
एक-एक ग्रन्थि खोलनी पड़ती है
उलझे धागों के गुच्छे की तरह
कितना विकट है शिथिल करना
बेहद कसे तन्तुओं की गुंजल को
हर एक गाँठ में बँधे हैं
छोटे-छोटे अहम्
बड़ी-बड़ी अपेक्षाएँ
और कुछ उपालम्भ
नखदंत उपकरण बन सकते हैं
धागों के सन्दर्भ में
पर सम्बन्धों में पड़ी गाँठें
मोम की होती हैं
नहीं होता जिनका सिरा
आँच ही उन्हें खोल सकती है
पर विडम्बना
उनके खुलते ही
तय है
सम्बन्धों का मर जाना।

रिश्ते

रेशम से भी कोमल
छुई-मुई से नख़रीले
आँख के मोती से
होते हैं रिश्ते
न सँभाला तो
फूट जाते हैं बुलबुलों से
टूट जाते हैं काँच की तरह
साँसों की मानिन्द छूट जाते हैं
खो जाते हैं बालू में सुई की तरह
तलाशो कितना ही
जोड़ो कितना ही
बुलाओ, सहलाओ
लौटकर नहीं आते
गए वक़्त की तरह।

अभी-अभी

एक सँजीदा शाम
बन्द कमरे में हवा दाखिल हुई यक-ब-यक
खिड़की ने काँच पर महसूस की
गोया कोई थपथपाहट
हिल उठा गुलमोहर
घंटों की खामोशी के बाद
ख़ुद-ब-ख़ुद झड़ रहे सुर्ख फूलों के गुच्छे
मेरी नसों में कुछ जी उठा है
मालूम होता है
दीवार के उस पार गुजरी हो तुम अभी-अभी।

साया

आजकल सताता है
महबूबा की यादों सा
अज़ीज़ों के जनाज़ों-सा
वो एक अदद कोना मेरे घर का

लड़कपन से जवानी की
दहलीज़ हुआ करता था
तंग दीवारों, खुरदरे फ़र्श वाला
समूचे कबाड़ का मुकाम
वो तन्हा कमरा

बिछा था जिसमें
बूढ़े दद्दा-सा वो पुराना पलंग
छोटे-बड़े सन्दूक़ों को ताकता

एक टूटी मेज़
जिसका चौथा पाँव
कटी टाँग वाले मज़लूम भिखारी-सा दिखता

उस दिन जब कंचे खेलते
हार गया था
चिढ़ाते थे हमजोली सब
इसी कमरे ने बाँहें पसार

आग़ोश में भर लिया था
दद्दा की आस्तीनों ने पोंछे थे आँसू

वो पीली बत्ती वाला
थका-सा बल्ब
जब भी देखता मेरी ओर
हौसले की उम्र दुगुनी हो जाती

मेरी जवाँ धड़कनों में भी शामिल था यह
इस छत की कड़ियाँ गिनते
नया इश्क़ परवान चढ़ा था

इसी ने
कच्चे प्यार की उस तहरीर को पढ़ा
जिसे लिखने को दीवारें उकसाया करतीं
वो सीलन भी नशा मालूम होती
जिसमें छिपकर पढ़ा था
वो पहला ख़त
जो उसने किताब में रख भेजा था

खोया रहता घंटों तसव्वुर में
बाद में हालाँकि उसने दग़ा दिया था
सन्दूक़ पे आज भी
सूखे निशान होंगे अश्कों के

ज़िन्दगानी के पन्ने कोरे रह जाते
जो यह न होता

मेरा माज़ी पला-पुसा
इसकी रहनुमाई में

टूटी मेज़ को
तीन ईंटों की बैसाखी देकर
मैंने जो सहारा
तो उसके भी अहसान कुछ कम नहीं
पहली नज़्म मेरी क़लम ने लिखी
उसी मेज़ पर

तमाम सफ़ेद और स्याह लमहात में
सँभाला दरियादिली से जिसने
माँ के दामन, बाप के साये-सा
यार के सीने, माशूक़ा की बाँहों-सा
वो एक अदद कोना मेरे घर का
बहुत सताता है
बहुत याद आता है।

कल और आज

याद है मुझे
किताब में सहेजना
मोर पंख
सूखे गुलाब
और साँप की केंचुल को
जो दी थी सपेरे ने
चमकती अठन्नी के बदले

याद है मुझे
इम्तहान से पहले
माँ का दही खिलाना
लाल मिर्च से नज़र उतारना
यात्रा पर जाते द्वार पर रखना
पानी का लोटा

नहीं पूछा कभी 'क्यों'
नहीं दागा कोई प्रश्न
थी सम्भवत: अन्धी आस्था
माँ पर
माँ की आँखों पर

याद है मुझे
अनवर चाचा का

भाइयों को गंडे-ताबीज़ पहनाना
जन्मदिन पर रज़िया मौसी का
माश का सदक़ा
सत्यनारायण की कथा में
क्रिस्टीना का बिना छलकाए चरणामृत पीना
मुहर्रम पर ग़लती से ख़ुश होना
नई फ्रॉक पहनने की ज़िद करना
हाई-जम्प प्रतियोगिता से पहले
सोफिया की देखादेखी
सीने पर क्रॉस बनाना

आज के बच्चे कितने समझदार हैं
हम रहे निरे जाहिल उजड्ड मूर्ख
बरसों तक
भगवान और ख़ुदा को
एक समझते रहे।

ये और वो

मोटे-मोटे चश्मों से झाँकती
छोटी-छोटी आँखों में
बड़े-बड़े सपने देखते हैं ये

वो पतंग उड़ाते थे
ये उड़ाते हैं ख़ुद को
सपनीले आसमान में
उनकी उँगलियों के पोर कट-कट जाते थे
माँझे से
ज़िन्दगी की खुरदरी सीढ़ी को पकड़ पाते थे
इनकी नरम हथेली तले
दबा है एक चूहा
वो उड़ाते थे तितलियाँ
ये दौड़ाते हैं चूहा
मख़मली पैड पर

वो खेलते चिलचिलाती धूप में
झूलते फाटकों पे
चढ़ते दीवारों पर
घुटने, कोहनियाँ छिलवाकर लौटते यूँ
गोया युद्ध के मैदान से आ रहे हों

ये पढ़ते हैं
डिज़ास्टर मैनेजमेंट
डिज़ास्टर का अता-पता नहीं
जेठ की दुपहरी, पूस की रात
मुहावरे बन चुकी है
इन्हें तजुर्बा नहीं
छेद वाले जूतों में
तलवों के जलने का
सावन की पहली फुहार होती है
बाथरूम के शावर से कितनी जुदा

इन्हें नहीं मालूम
आँगन-गलियारे में घूमने का सिलसिला
थम चुका है
बिना कूद-फाँद ये घूम आते हैं
फेसबुक, यूट्यूब, ट्विटर की गलियों में
फिसल जाते हैं अकसर
सँभालने कोई पास नहीं होता
थामनेवाली बाँहों से दूर जा बैठे हैं
अपनी दुनिया का दुर्ग बनाए
आज़ादी की कवच पहने

उनके लिए
मास्टर की छड़ी नामक वस्तु हुआ करती थी
खाल उधेड़ने जैसे मुहावरे
व्याकरण की पुस्तक से उछलकर
देह पर छप जाया करते थे
आदत थी बदस्तूर गालों को
माँ की चपत, बाप के झापड़ की

इनकी तरह न तो पंखे से झूल जाते थे
न ही नस काट लेते थे
फ्रस्ट्रेशन, डिप्रेशन आविष्कृत नहीं हुए थे
उनमें होड़ लगा करती
दादी की गोद हथियाने की
इनकी तो बात ही नहीं हो पाती
दादी फेसबुक पर जो नहीं है।

कमाऊ बेटा

कमाऊ बेटे की योजना है
पलस्तर झड़ी ढहती दीवारों
और दीमक लगे फाटक वाले
पुश्तैनी मकान को गिराना है
नया बँगला बनाना है

पिता के सिद्धान्तों सरीखी ऊँची सीलिंग
नीची करनी होगी
बुलन्द इरादों से दरवाज़े भी छोटे हो जाएँगे

बड़े-बड़े रोशनदान
गौरैया के अंडों का आशियाना
बन्द कर दिए जाएँगे
ताकि वातानुकूलन यंत्र प्रभावी हो सके

माँ की नरम थपकी से
हवा के झोंके
खिड़की पे दस्तक देने की गुस्ताख़ी नहीं करेंगे
अब क्या मजाल
सूरज भारी परदों की दीवार लाँघ सके

बूढ़े चौकीदारों
बरगद, नीम, कटहल, बेल को

वॉलेंटियरी रिटायरमेंट दिलानी होगी
विदेशी नस्ल के गबरू पौधों से
बाग़ान भरना होगा

ऊँची चारदीवारी में उगे पेड़
पुराने जामुन, शहतूत की तरह
अब राहगीरों में
मुफ़्त छाया नहीं बाँटेंगे

पुराना फर्नीचर, पुरखों की तस्वीरें
दद्दा की कुर्सी, हुक़्क़ा
दादी का पीतल का पानदान
काँसे-ताँबे के बदरंग पतीले
सब कबाड़ में बिक जाएगा
अब लोहे की कड़ाही से
आयरन पाने की क्या दरकार
कैल्सियम सैंडोज़ जो मौजूद है

कमाऊ बेटा माँ-बाप को नहीं भूला
बँगले का पिछला हिस्सा रख छोडा है
पिछली पुश्त के लिए
बच्चों का शोर, मेहमानों की आवाजाही उन्हें बाधित न करे
कमरे की तंग दीवारों में
माँ-बाबा क़रीब होंगे एक-दूसरे के

क्या करें यही एक टुकड़ा था
बच रहा नक़्शे में
वास्तु की दृष्टि से
न ड्राइंग, न डाइनिंग
न बेडरूम, न स्टडी

पर भई कमरा कमाल है
खिड़की भले छोटी हो
पर दरवाज़ा खुलता है
किचन गार्डन में

बाबा कहीं ऊब न जाएँ
सो बाग़वानी कर जी बहला लें
यूँ भी सब्ज़ियाँ बहुत महँगी हैं
माँ गाँव में कभी गाय रखती थी
सो क्या बुरा है
पिछवाड़े के कोने में फिर बँधा जाएगी
माँ के पुराने दिन लौट आएँगे
बीस साल दोनों की उम्र बढ़ जाएगी

पलस्तर झड़ी दीवार मुस्कुराई, बोली
क्या योजना है
जो बाप को माली, माँ को ग्वालन बनाएगी।

तुम लौट आते

एक जंगल
दिल के दरवाज़े पर
घिरा है
आग के दरिया से
धुएँ की घुटन का मज़बूत घेरा
निचोड़ रहा साँसों को बेतरह

मेरे और तुम्हारे बीच
फ़ौलादी चट्टान बनी हैं
यादें
बार-बार पटकती हैं
अतीत के पत्थरों पर
बाँधकर ज़िद्दी ज़ंजीरों से

सहमी आँखें भिंच जाती हैं
घुसपैठ मची है
ख़ौफ़नाक यादों के साये
पपोटों की चौखट तोड़कर
पैने नश्तर चुभाते हैं

धँस रही हूँ
बेचैनी के गहरे भँवर में

लम्हा-दर-लम्हा
ढूँढ़ रही
गुमशुदा वजूद के
दो-चार निशाँ।

धूल, काँटे, कीचड़

मुझे पसन्द है धूल
मेरे वजूद से पहले
और बाद की सहेली
छोड़ देगा जमाना
जब तनहा मुकाम पर
निपट अकेली
समो लेगी अपनी बाँहों में
जज़्ब कर लेगी अपने ज़र्रों में

मुझे अच्छे लगते हैं काँटे
एक ही शक्ल-सूरत वाले
सीधे-सादे नुकीले
न लाग लपेट
न छल फ़रेब
न फुसलाना, न बहलाना
बड़ी सच्चाई साफ़गोई से
चुभाते हैं शूल
पीड़ा और रक्त से
पहचान न कराते
तो कैसे जानता आदमी
लहू बहाना बुरा है
दर्दनाक है

मुझे सुहाता है कीचड़
सबसे निराला
एक सलेटी वार्म टोन सागर
सूखता है तो बनाता है
ख़ूबसूरत पैबन्द
आर्टिस्टिक नमूने
ढेर सारा क़र्ज़ चढ़ा रखा है
बिना सूद का सबके सर
सदियों से
उगाकर सुनहरी बालियाँ साँसों की
और
अनगिनत नीले, लाल, सफ़ेद फूल
जिनकी पाकीज़गी का क़ायल है
सारा जहाँ

मुझे बेहद अज़ीज़ हैं
धूल, काँटे, कीचड़
ये सबसे नायाब हैं
सबसे हसीन।

अधैर्य

बड़ा संयम है केंचुए में
ढेला भर मिट्टी में ख़ुश रहता है
पर मालूम हो
है वह चौरासी लाख योनियों में
सबसे क्षुद्र, सबसे हेय

बड़ा धैर्य है सागर में
सीमा में आबद्ध
आदृत मर्यादित
पर मालूम हो
है वह दकियानूसी, रूढ़, घिसापिटा
प्यासे पंछी को दो बूँद न पिला सका

बड़ी अधीर हैं चींटियाँ
शैल शिखर की यायावर
पहाड़ भी चढ़ जाती हैं
लड़ जातीं गजराजों से

बड़ी अधीर हैं नदियाँ
चट्टानों से टकरातीं
उफनती सहस्रों योजन
मार्ग बदलने को आतुर
तटबन्ध तोड़ जाती हैं

ध्वंस के बाद ही
निर्माण है, परिवर्तन है
अधीरता जननी है प्रगति की
पहचान गति की।

तालाबन्दी

ज़िन्दगी की रहगुज़र में
कितनी बड़ी भीड़ है
क़िस्म-क़िस्म की
रंजिशों का जाम लगा है
ख़ुशियों के चक्के भी थम चुके हैं
झींकने, हॉर्न बजाने से
आख़िर क्या होगा हासिल
सुना है आगे चौरस्ते पे
धरने पर बैठी हैं शोख़ियाँ
जिनमें हैं शामिल
चन्द गुमशुदा हसरतें भी
उम्मीदों ने कर दी है तालाबन्दी
सबको शुबहा है तमाम बहीखातों पे
गुज़री ख़ुशियों का हिसाब सफ़ा नहीं हुआ लगता है
अदा नहीं की गई पूरी क़ीमत हँसी की
बोनस माँग रही हैं कामयाबियाँ
तकाज़े पे हैं अमन औ' क़रार
चलो, जरा चलते हैं
गमों को बहलाने, मनाने
निहायत ज़रूरी है, इन्हें देना यह दिलासा
कि आइंदा सब्ज़ मौसम में ख़िज़ाँ को न भूलेंगे।

कवि

कौन कहता है आकाशकुसुम नहीं होते
उसके भीतर है आकाश
फूलों, तितलियों, जुगनुओं से भरा
गंगा है
सीपियों और मछलियों से भरी
आकाशगंगा नहीं
चमगादड़, बिच्छू और सरीसृप भी रहते हैं यहाँ
निर्भयता और भय
श्रृंगार और बीभत्स
विचरते हैं साथ-साथ

उसके भीतर एक धरती भी है
तारे फुदकते हैं
हिरन जैसी कुलाँचों के साथ
चाँद सताता है सूरज को
करके धप्पा खेलता है आँख-मिचौली
धरती ख़ुश है
उसे नहीं करनी पड़ती परिक्रमा
उसकी दोनों हथेलियों में है
चाँद और सूरज
एक ही मौसम रहता वहाँ
सनातन सुकून का

कवि की कल्पना है
निराली, सशक्त और विराट
इन्द्र के कल्पतरु और कामधेनु से भी बढ़कर
भगवान भी नहीं बदल सकता
कुछ नियम
कवि भगवान से बड़ा है।

उपचेतना

तुझे क्या सरोकार
क्या है लेना-देना
लगता भी तो नहीं कुछ तेरा
चेतना रोकती है
फुसफुसाकर मन्थरा बनकर
चल भाग चल
न लगाना दाँव पर
अपनी ऊर्जा, अपना जीवन

उपचेतना ठेलती है
कड़कती आवाज़ में
कान उमेठती
आँख तरेरती
धिक्, अधम
कर कुछ शरम

भर देती स्पन्दन
रग-रग में
केवड़े की ख़ुशबू वाला
उत्तिष्ठ भारत की तर्ज़ पर
लगा देती है

धर्मयुद्ध में
मेरी उपचेतना
मेरी सखी
मैं सम्मोहित हो जाती हूँ।

अजन्मी कविता

अहर्निश एक कोलाहल
मचा है आसपास
जीना मुहाल है
साँकल चढ़ा लेती हूँ
किवाड़ों पर

मन की छत पर आ धमकती है
ख़यालों की टोली
शरीर बच्चों की तरह
दागती है गोले
अनगढ़ शब्दों के
बेढब अर्थों के

करती है विवश
सृजन को

चूल्हे में जलती
गीली लड़की सी
जलाती है आँखों को

लफ़्ज़ों, मायनों को तलाशती
कच्ची, अधपकी कविता
बार-बार काग़ज़ पर उतरकर

समय से पहले पैदा हुए शिशु की तरह
दम तोड़ देती है

मनीप्लांट की गुम्फित लताओं की तरह
सुलझ नहीं पाती

बार-बार लिखकर मिटाई गई
भाग्य रेखा की तरह
देती है दग्धता, विकलता

रात-रात भर भोगती हूँ
प्रसव पीड़ा
कविता जन्म नहीं लेती।

रात के ब्याहने तक

(दिल्ली में दामिनी-प्रकरण की भयानक यादें)

हर रोज़ आधी रात को
वो देती है दस्तक
उसकी बेधती निगाह
जगा देती सिहरा देती
किवाड़ के उस पार से

सहमकर दुबक जाती नींद
किसी बियाबान कोने में
भींच लेती हूँ पपोटों को
चादर तानकर
पर नहीं आती लौटकर नींद
फिर रात के ब्याहने तक

आते हैं बस मटमैले सपने
जो लिपटे हैं
लहू के चकत्तों से
फुटपाथ की गर्द से
बाँहों, जाँघों और हथेलियों पर पड़े
मशक़्क़त के निशानों से
डरावनी चीख़ों से रोज़ हिलती है
मेरे पलंग की चूल
रूह भी

उफ़ कितना बहरा होगा
वो वहशीपन
कितने जुनूनी
वो ख़ूनी दरिन्दे
और क्या जाँबाज़
वो नन्ही चिरैया

उसके पंखों की फड़फड़ाहट
मेरी दीवारों को कँपाती है
रौंदती है हौसले को
मथती है भरोसे को
रोज़ रात के ब्याहने तक।

ख़्वाबों के परिन्दे

बरसों से चुनती रही
कितने ही ख़्वाब
बग़ीचे की दूब से
ओस की बूँद से
डूबती साँझ से
किसी पाक निगाह से
किसी तनहा रहगुज़र से

एक गुलदस्ता बन चुका है
रंग-बिरंगे ख़्वाबों का
दिन रात सजा रहता मेरे सिरहाने
एक तिपाई पर

खोल देती हूँ
गाहे-बगाहे
तमन्नाओं का गुलाबी रिबन
जिससे बँधे हैं सारे ख़्वाब
कर देती हूँ हवा के सुपुर्द

जल्दी ही पड़ जाते हैं
मेरी बनाई सरहद के पार
किलकते ख़्वाब
सूरज की आग सेंकते

मुट्ठी भर-भर चाँदनी चुराते
बादलों के मुखौटे लगा
तारों को डराते
कुदकते-चहकते फिर लौट आते मेरे सिरहाने
जैसे लौटा हो
नई ताक़त के साथ
कोई परिन्दा
अपने आशियाने में।

तिनकों से दुख

धुनी सफ़ेद पूनियों में
बड़ी चालाकी से छिपा लेता है
जैसे तिनका ख़ुद को
काते जाने पर भी
न झड़ता न गिरता
गुँथ जाता है सदा के लिए

ठीक ऐसे
जुड़ जाते हैं
तिनकों से दुख
हाथ की लकीरों के
ताने-बाने में

बड़ी पैनी होती है
घुसपैठ इनकी
फैल जाते हैं
तिल से ताड़ की तरह
जंगली झाड़ की तरह
कब जड़ पकड़ लेते हैं
ख़बर ही नहीं होती

छुटपन की फटकार
दुत्कार लड़कपन की

जवानी में हुई फ़ज़ीहत
उड़ी हुई खिल्ली
शह और मात में मिली हार

न जाने कब
घुस जाती रीढ़ में
झुका देती सदा के लिए
चल नहीं पाते
फिर कभी हम
सीधे तनकर।

एकाकीपन

मुझे साधना है एकाकीपन को
बाँधना है इर्द-गिर्द
कटिबन्ध की तरह
जड़ने हैं
सृजन के गुलाबी मोती
लिखनी है
स्वप्नों की लिपि में
कुँवारी कविता
टाँगने हैं छन्द
अनगिनत मात्राओं वाले

मुझे बुनना है एकाकीपन को
उम्र की सलाइयों से
पतझड़ के मौसम में
काढ़ने हैं बूटे
जिजीविषा के रेशम से

मुझे ओढ़ना है एकाकीपन को
एक अन्तराल पर
जब जब घुटेगा दम
शोर से
मन छिलेगा
पीड़ा वंचना और विश्वासघात से

एकाकीपन मुझे बचाएगा
पर्वतारोही के शिविर-सा
ठिठुरते नैराश्य से
कुंठा के शंकु शिखर पर।

चिन्ता और चिन्तन

चाहती हूँ विचरना
आँगन में नंगे पाँव
चिन्ता है
काँटे गड़ जाने की

चाहती हूँ निरखना
बादलों के पार खुली आँखों से
चिन्ता है
तिनकों के पलकों में पड़ जाने की

चाहतें अक्सर दम तोड़ देती हैं
चिन्ता बनकर
पर तय किया है अब
कि फ़िक्र की पीली बारिश
जब कभी
कुम्हला देगी ख़ुशी को
डुबो देगी हँसी को

उम्मीद की पत्तियों को
भींच लूँगी हौले से
अँजुरी में

ताकि सर्द हवाएँ पाला न मार दें
नई अकुराई बेल को
ताकि ग्रस न लें कीट-पतंगे
इसे वक़्त से पहले

आज तय किया है मैंने
चिन्ता से निजात पानी है
बदलनी है सूरत फ़िक्र की

समेट लेना है झोली में
फ़िक्र के मनकों को
पिरो लेना है दूधिया धागे में
एक मीठी साँझ बैठकर

ख़ुद-ब-ख़ुद
चिन्ता सजा देगी
अन्तस को
चिन्तन बनकर।

स्वप्नशिशु

पलकें रोज़ झलती हैं पंखा
साँसों की डोरी हिलाती है पलना
सुलातीं हथेलियाँ दे-दे के थपकी
एक नई लोरी रचती है लालसा

हर दिन अनुदिन
नींद के पर्यंक पर
छोड़ती हूँ स्वप्नशिशु को
ऐसे, जैसे छोड़ता है भक्त
अँजुरी भर आस्था
पुण्यसलिला में

सुना है
नींद में क़द बढ़ता है
बढ़ाना है मुझे क़द
स्वप्नशिशु का
सुलाना है इसे गहरी नींद

चाहती हूँ बनाना इसे
वटवृक्ष सा अश्वस्थ सा
सुन्दर सुडौल बलिष्ठ

जिसके साये में गुज़ार सकूँ
बची-खुची ज़िन्दगानी
बजा सकूँ चैन की बंसी
जवान सपने का चँदोआ तान
बैठ जाऊँ भीतर
निःशंक निश्चिन्त

मैं बावरी नहीं जानती
कल है कल्पनातीत
और सपने बुदबुदे पानी के।

मन का कमरा

मन का कमरा
पटे रहता
ख़्वाहिशों की भीड़ से

लटकी रहतीं महत्त्वाकांक्षाएँ
झाड़-फानूस की तरह छत से
सपने तैरते दीवारों पर
बादलों की तरह

जलन, बदनीयती का धुआँ भी
भर जाता गाहे-बगाहे
घुटन से तंग हो जाता
तब यह कमरा

उम्र बढ़ने के साथ
छोटा होता जाता
अमूमन यह कमरा
तिरते सपने तब बन जाते
रेंगते कीड़े
काँच की किरचियों-सी
चुभतीं वो आकांक्षाएँ

रेस का ट्रैक
बन जाती ज़िन्दगी
दौड़ते, गिरते, घिसटते, लुढ़कते
बढ़ता जाता इनसान
सँकरी होती सलेटी सड़क पर
मन का कमरा
और...और सिकुड़ता जाता

काश होती इलेस्टिसिटी
मन की दीवारों में
उम्र की तरह।

एक मुट्ठी धुआँ

एक मुट्ठी धुआँ
उगलना है आकाश में
चुपके से
बादलों की झक सफ़ेदी में
सलेटी धुआँ
तीखे नखदन्तों वाला
अहंकार का धुआँ
मिल जाएगा बादलों में ऐसे
जैसे आटे में नमक
या महकती रातरानी में
मरे हुए तिलचट्टे की गन्ध

तोड़ना चाहती हूँ
अहंकार का व्यूह
चुपके से
पर घूरती हैं आँखें आसपास
नहीं मिलता अवसर घालमेल का
नहीं मिलता हौसला मिलावट का
आसान है लड़ना औरों से
ख़ुद से नहीं
आसान है आँख दिखाना औरों को
ख़ुद को नहीं

मुझसे बड़ा हो चुका अहम् मेरा
पोसा था मैंने ही धृतराष्ट्र बनकर
अब डराता है
कभी दुर्योधन कभी भस्मासुर बनकर
मैं ताक में हूँ प्रच्छन्न मूर्च्छा की
मुझे तलाश है धुन्ध की
घने कोहरे की
जिसमें लपेटकर
चुपके से
बिन बताए
एक मुट्ठी धुआँ
उगल दूँगी आकाश में
बादलों में।

मृत्यु की पदचाप

साँस लेती है
मृत्यु की पदचाप
सहज सधे आरोह-अवरोह सी

हँसती है पदचाप
कुटिल हँसी बेआवाज़

सुनती है पदचाप
अखंडित स्वर
मौन के मुख से

अमूर्त देह मूर्तिमान अवयव
चले आ रहे हैं
दक्षिणायन से

महसूसते हैं हम
अनसुनी पदचाप मौत की
चुपके से

उसे कोई हड़बड़ी नहीं
सब कुछ नियोजित व्यूह-सा
न पथभ्रम न दृष्टिभ्रम
गन्तव्य है नित नया
पर पहचान सबकी एक सी

जब जिस घर के बाहर
डूबेगा चाँद पोखर में
फुनगी पर फुदकती गौरैया
कर लेगी आत्मघात
जिस छत पर नहीं उतरेगा सूरज

ग़ौर करने पर सुनाई देगी वहीं
सहज सधी
पदचाप मृत्यु की।

लम्हे

ज़िन्दगी की बारिश में
टप-टप टपकते हैं लमहे
जैसे चू रही हों शाखों से
कोसी-कोसी बूँदें

निपट साफ़ उजली बूँदें
क्रिस्टल-सी पारदर्शी
जब तक जुड़ी हैं
पत्तों की कोर से

छूटते ही कोर से
टूटते ही डोर से
बिखर जातीं सर्द-गर्द में
निमेष भर में मिट जातीं

उस लकीर की तरह
जो खिंची थी कभी
पत्थर की स्लेट
या रेशमी लहरों पर

चलूँ, ज़रा थाम लूँ ज़िन्दगी को
खुली हथेलियों पर

मल दूँ आपादमस्तक
राग–अनुराग के पलों को
न चू जाए एक भी लम्हा
देह से...साँसों से।

अनचीन्हे रंग

मैंने देखे हैं हज़ारों रंग
कायनात में बिखरे हुए
पर नहीं पहचान पाती
कुछ रंग आज भी

यह कलर ब्लाइंडनेस है
कोई भ्रम
या तंगी तजुर्बे की

मुझे अहसास है
आसमान के सलेटी रंग का
तराइयों के हरे लिबास का
घाटियों के सुर्ख़ लाल फ़र्श का
परबतों की नीली धार का

उजला रंग तो हमजोली रहा
बचपन की किलकारियों का
जवानी के पंखों का
उजली मुस्कराहट ही पहनी है
छुटपन से आज तलक

भोर की ओस भी उजली
अमावस की रात
आसमान में लटकी बूँदें भी उजली

जोड़ चुकी हूँ रिश्ता सब रंगों से
बस नहीं पहचानती
क्या रंग है
पाप का जंग का
और तेरा ऐ ख़ुदा!